AF363653

ÉTAT

Des Exemptions particulières du tirage du ſort pour les Régimens Provinciaux, accordées par le Roi à la Généralité de Paris.

ARTICLE PREMIER.

UN garçon Propriétaire, Fermier ou Métayer, cultivant quatre-vingt-dix arpens de terre forte, ou cent vingt arpens de terre légère, entretenant toute l'année, uniquement pour ſon exploitation, quatre chevaux ou huit bœufs, ou deux chevaux & quatre bœufs, ſuivant l'uſage du pays, ſera exempt juſqu'à l'âge de vingt-cinq ans accomplis.

2.

LE fils unique d'un Laboureur ou d'une veuve de Laboureur, demeurant avec eux, & exerçant la même profession, sera exempt jusqu'à l'âge de vingt-cinq ans accomplis, pourvu que ledit Laboureur ou ladite veuve ait le labourage de quatre-vingt-dix arpens de terre forte, ou cent vingt arpens de terre légère, & que l'un ou l'autre entretienne toute l'année, uniquement pour son exploitation, quatre chevaux ou huit bœufs, ou trois chevaux & six bœufs, suivant l'usage des lieux.

3.

Un garçon demeurant séparément de ses père & mère, tenant, à titre de loyer ou de propriété, un moulin, & payant cinquante livres de taille, sera exempt jusqu'à l'âge de vingt-cinq ans accomplis.

4.

Le Maître-charretier des Ecclésiastiques ou Gentils-hommes qui feront valoir une ou plusieurs charrues, ayant la manutention de la ferme, comme l'auroit un Fermier, sera exempt jusqu'à l'âge de vingt-cinq ans accomplis.

5.

Un Négociant en gros ayant un magasin en propre, ne vendant que des marchandises en balle & sous corde, & payant trente livres du principal de la taille, ou cinquante livres de capitation, sera exempt jusqu'à l'âge de vingt-cinq ans accomplis.

6.

Les Marchands & Maîtres de métiers dans les villes où il y a Jurande enregistrée au Parlement, payant trente livres du principal de la taille, ou cinquante

livres de capitation, feront exempts jufqu'à l'âge de
vingt-cinq ans accomplis.

FAIT à Verfailles le vingt Janvier mil fept cent
foixante-quinze. *Signé* LOUIS. *Et plus bas,* DE FELIX
DU MUY.

A PARIS,

DE L'IMPRIMERIE ROYALE.

M. DCCLXXVIII.